- 薬を消毒して飲む
- 歌舞伎町を防弾チョッキ着て通
- コンドーム着用で合コン

ことわざアップデート
「石橋を叩いて渡る」

石橋を叩いて渡るUPDATE!!

弘法も筆の誤り	➡	ダルビッシュにも選球の誤り
鬼に金棒	➡	ロリ顔にGカップ
月とスッポン	➡	CXとMX
馬の耳に念仏	➡	ひとりぼっちの朝だち
溺れる者はワラをも掴む	➡	欲求不満な者はコンニャクをも掴む
石橋を叩いて渡る	➡	コンドーム着用で合コン
泣きっ面に蜂	➡	金欠に住民税
千里の道も一歩から	➡	早漏克服も極厚ゴムから
飼い犬に手を噛まれる	➡	ADにタメ口使われる
玉にきず	➡	フェラーリに5時夢ステッカー
花より団子	➡	ブラピよりカルビ
薔薇に棘あり	➡	マラにカスあり
寝耳に水	➡	コンドームに穴
枯れ木も山の賑わい	➡	ジョナサンも5時夢の賑わい
絵に描いた餅	➡	三段腹に描いた腹筋
まな板の鯉	➡	志麻子の前の乳首
のどから手が出る	➡	チ●コがつりざおになるほど
釈迦に説法	➡	サメにコンドロイチン
逃した魚は大きい	➡	レンタル中のAVはドエロい！
あばたもえくぼ	➡	おしっこも聖水
掃き溜めに鶴	➡	汁男
青菜に塩	➡	デリ
陸に上がった河童	➡	キー
灯台下暗し	➡	ガン
猫に小判	➡	ガキ
盗人を見て縄をなう	➡	離婚

盆と正月が一緒に来たよう	➡	デリヘルと宅配ピザが一緒に来たよう
能ある鷹は爪を隠す	➡	能ある鷹さんは爪を削る
清水の舞台から飛び降りる	➡	激安風俗にフリーで入店
水と油	➡	西麻布と西新井
鴨が葱を背負ってくる	➡	巨根が真珠入れてくる
糠に釘	➡	ハゲにクシ
隣の芝生は青い	➡	あっちのキャバ嬢はなんだかヤレそう
武士は食わねど高楊枝	➡	ブスはナンパされねどピンヒール
匙を投げる	➡	そろそろカツラを外す
臭い物に蓋をする	➡	出た腹にチュニック
人のふんどしで相撲を取る	➡	住宅展示場でホームパーティ
危ない橋を渡る	➡	危ない橋を渡る（現状維持）
味噌も糞も一緒	➡	ガバナンスもガバガバなんスも一緒
無い袖は振れない	➡	無い家には帰れない
触らぬ神に祟り無し	➡	使わぬアソコに性病無し
風前の灯	➡	ジョナサンのレギュラー
捕らぬ狸の皮算用	➡	終わらぬ刑期のシャバ算用
濡れ手で粟	➡	右手であぁ……
鉄は熱いうちに打て	➡	キャバ嬢は新人のうちに口説け
軒を貸して母屋を取られる	➡	コンドーム貸して女を取られる

朱に交われば赤くなる	➡	ジョナサンと話せばバカになる
馬子にも衣装	➡	ふかわにもオープンカー
井の中の蛙大海を知らず	➡	胃の中のカルビ 体形を知らず
犬が西向きゃ尾は東	➡	全裸で町出りゃ手は後
弘法は筆を選ばず	➡	早漏ゴムを選ばず
喉元過ぎれば熱さを忘れる	➡	性病治ればゴム忘れる
虎の威を借る狐	➡	ブルース・ウィリスの威を借るただのハゲ
君子危うきに近寄らず	➡	売れっ子女優バンドマンに近寄らず
雀百まで踊り忘れず	➡	ふかわ百までオブラート忘れず
賽は投げられた	➡	便は顔出した
藪をつついて蛇を出す	➡	エゴサーチをして涙出す
捨てる神あれば拾う神あり	➡	捨てるキー局あれば拾う MX あり
真綿で首を絞める	➡	デブの部屋のエアコンを 1 度ずつ上げる
毒を食らわば皿まで	➡	娘食らわば母まで
生兵法は大怪我の元	➡	生でいいよと言う女は地雷
蛞蝓に塩	➡	包茎に大浴場
木を見て森を見ず	➡	ケツ見て性別を見ず
団栗の背比べ	➡	競馬場のおじさんの歯の数比べ
毒を以て毒を制す	➡	ガバガバを以て早漏を制す
骨折り損のくたびれ儲け	➡	皮切り損のくたびれ童貞
縁の下の力持ち	➡	宙に浮いて歌うマライア・キャリーの下の持ち上げるダンサーたち
火の無い所に煙は立たない	➡	エロの無い所にオティンティン・タタンティーノ
恩を仇で返す	➡	エロ本をパリパリにして返す

雨降って地固まる	➡	デキちゃって籍固まる AV借り間違えて性癖広がる
金持ち喧嘩せず	➡	デカチン喧嘩せず
唇亡びて歯寒し	➡	化粧亡びてブスやばし
火事場の馬鹿力	➡	仮歯のフェラ力 3分しかないサンプル動画での竿力
豚を盗んで骨を施す	➡	「おい、クソババア！」「長生きしろよ」
泥棒を見て縄をなう	➡	やっちゃった後に「私達付き合ってるんだよね？」
赤子の手を捻る	➡	ジョナサンの首を切る
破れ鍋に綴じ蓋	➡	早漏にガバガバ
一寸の虫にも五分の魂	➡	無職にも曜日感覚 0.1tのブスにも5分の玉吸い
重箱の隅をつつく	➡	チンポジをミリ単位で直す
帯に短し襷に長し	➡	セフレには重たし 彼女には何か違うし
弱り目に祟り目	➡	無職に督促状
雨垂れ石を穿つ	➡	甘噛み イクを誘発
犬猿の仲	➡	埼玉・千葉の仲
二兎を追う者は一兎をも得ず	➡	DJもするお笑い芸人は名声を得ず
驕る平家は久しからず	➡	何をしても可愛かった赤ちゃん 今じゃニート
嘘つきは泥棒の始まり	➡	母からのおしりペンペンは僕のSMの始まり
ローマは一日にして成らず	➡	ア●ルは1日じゃほぐれず
貰う物は夏も小袖	➡	貰う物はハゲもカチューシャ
残り物には福がある	➡	残り風俗嬢にはサービス精神がある

7

前門の虎 後門の狼	➡	両親から「仕事見つかったの？」親戚の子から「お年玉ちょうだい」
船頭多くして船山に登る	➡	亀頭多くして結婚に至らず
蜘蛛の巣で石を吊る	➡	安いステッカーで視聴者を釣る
後ろ足で砂をかける	➡	JKのパンチラを見といて「けしからん！」と説教する
肉を切らせて骨を断つ	➡	童貞カミングアウトして風俗嬢に優しくしてもらう
鬼の目にも涙	➡	MXにも働き方改革
親しき仲にも礼儀あり	➡	女王様とM男の仲にも「マジで無理」あり
年貢の納め時	➡	合コンでヤレそうなブスへの狙い替え時
人の振り見て我が振り直せ	➡	人の性病見て我がゴムつける

はじめに

深夜ラジオ番組「ロケットマンショー」でやっていた「現代用語でことわざ辞典」というコーナーを、このメンバーでやってみたい。そんな想いから「ことわざアップデート」が誕生しました。出演者のみならず、視聴者や街の方々の知恵とユーモアの結晶を、どうぞご堪能ください。書籍化していただいたことに感謝して。

ふかわりょう

とは

TOKYO MXで平日夕方5時から放送中のテレビ番組
「5時に夢中!」。
「ことわざアップデート」は木曜日のコーナーとして、
4年以上の歴史を持つ大人気企画です。

ふかわりょうがMCを務め、
岩井志麻子「名人」、中瀬ゆかり「師範代」、
「見習い」のジョナサンが、
古くから伝わることわざを現代風にアップデートしていきます。

名人たち3人の発表する回答だけでなく、
スタッフが街で聞き取りした「街の声」や、
視聴者のメール投稿も、このコーナーの見どころです。
毎回終盤にはすべての作品の中から、
最も秀逸なアップデート作品がそれぞれ1篇ずつ選ばれます。

本書は、これまでのアップデート作品や、
候補となった回答を集めたものです。
さあ、超文学系エンターテインメントの世界へ飛び込みましょう!

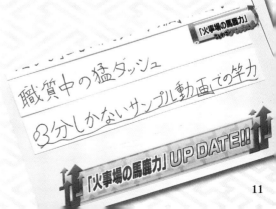

目 次

歴代アップデート作品一覧 …………………………………… 2
はじめに ……………………………………………………… 9
ことわざアップデートとは ………………………………… 10
本書の見方 …………………………………………………… 14

第❶章 2015年のアップデート　15

弘法も筆の誤り ………… 16
鬼に金棒 ………………… 17
月とスッポン …………… 18
馬の耳に念仏 …………… 19
溺れる者はワラをも掴む … 20
石橋を叩いて渡る ……… 21
泣きっ面に蜂 …………… 22
千里の道も一歩から …… 23
飼い犬に手を噛まれる … 24
玉にきず ………………… 25
花より団子 ……………… 26
薔薇に棘あり …………… 27
寝耳に水 ………………… 28
枯れ木も山の賑わい …… 29

絵に描いた餅 …………… 30
まな板の鯉 ……………… 31
喉から手が出る ………… 32
釈迦に説法 ……………… 33
逃した魚は大きい ……… 34
あばたもえくぼ ………… 35
掃き溜めに鶴 …………… 36
青菜に塩 ………………… 37
陸に上がった河童 ……… 38
灯台下暗し ……………… 39
猫に小判 ………………… 40
盗人を見て縄をなう …… 41
コラム1 名人たちが選ぶ
個人的歴代最高アップデート … 42

第❷章 2016年のアップデート　43

盆と正月が一緒に来たよう … 44
能ある鷹は爪を隠す …… 45
清水の舞台から飛び降りる … 46
水と油 …………………… 47
鴨が葱を背負ってくる … 48
糠に釘 …………………… 49
隣の芝生は青い ………… 50
武士は食わねど高楊枝 … 51
匙を投げる ……………… 52
臭い物に蓋をする ……… 53
人のふんどしで相撲を取る … 54

危ない橋を渡る ………… 55
味噌も糞も一緒 ………… 56
無い袖は振れない ……… 57
触らぬ神に祟り無し …… 58
風前の灯 ………………… 59
捕らぬ狸の皮算用 ……… 60
濡れ手で粟 ……………… 61
鉄は熱いうちに打て …… 62
軒を貸して母屋を取られる … 63
コラム2 今さら聞けない
アップデート頻出語 …… 64

第❸章 2017年のアップデート　65

朱に交われば赤くなる ……… 66
馬子にも衣装 ……… 67
井の中の蛙大海を知らず ……… 68
犬が西向きゃ尾は東 ……… 69
弘法は筆を選ばず ……… 70
喉元過ぎれば熱さを忘れる ……… 71
虎の威を借る狐 ……… 72
君子危うきに近寄らず ……… 73
雀百まで踊り忘れず ……… 74
賽は投げられた ……… 75
藪をつついて蛇を出す ……… 76
捨てる神あれば拾う神あり ……… 77

真綿で首を絞める ……… 78
毒を食らわば皿まで ……… 79
生兵法は大怪我の元 ……… 80
蛞蝓に塩 ……… 81
木を見て森を見ず ……… 82
団栗の背比べ ……… 83
毒を以て毒を制す ……… 84
骨折り損のくたびれ儲け ……… 85
縁の下の力持ち ……… 86
火の無い所に煙は立たない ……… 87
恩を仇で返す ……… 88

第❹章 2018年のアップデート　89

雨降って地固まる ……… 90
金持ち喧嘩せず ……… 91
唇亡びて歯寒し ……… 92
火事場の馬鹿力 ……… 93
豚を盗んで骨を施す ……… 94
泥棒を見て縄をなう ……… 95
赤子の手を捻る ……… 96
破れ鍋に綴じ蓋 ……… 97
一寸の虫にも五分の魂 ……… 98
重箱の隅をつつく ……… 99
帯に短し襷に長し ……… 100

弱り目に祟り目 ……… 101
雨垂れ石を穿つ ……… 102
犬猿の仲 ……… 103
二兎を追う者は一兎をも得ず ……… 104
驕る平家は久しからず ……… 105
嘘つきは泥棒の始まり ……… 106
ローマは一日にして成らず ……… 107
貰う物は夏も小袖 ……… 108
残り物には福がある ……… 109

コラム❸ 名人たちのツボを攻略
どんな作品がいい作品？ ……… 110

第❺章 2019年のアップデート　111

前門の虎 後門の狼 ……… 112
船頭多くして船山に登る ……… 113
蜘蛛の巣で石を吊る ……… 114
後ろ足で砂をかける ……… 115
肉を切らせて骨を断つ ……… 116

鬼の目にも涙 ……… 117
親しき仲にも礼儀あり ……… 118
年貢の納め時 ……… 119
人の振り見て我が振り直せ ……… 120

索引 ……… 121
おわりに ……… 126

本書の見方

■元のことわざ&意味
アップデートされる以前の昔ながらのことわざです。

■アップデート作品
その回でアップデートに選ばれた回答です。

■アップデート作品以外の回答
レギュラー出演者回答、街の声、視聴者のメール投稿の順に掲載しています。

■アップデート作品回答者
最も秀逸な回答の作者です。

第 1 章

2015年の
アップデート

荒削りな回答に初々しさを感じる、
ことわざアップデート元年!

ことわざ

弘法も筆の誤り

【意味】名人や達人でも、時には失敗するということ

アップデート

2015年4月2日

ダルビッシュにも選球の誤り

中瀬

| アップデート候補作品 |

- ジョナサン「プロデューサーもキャスティングの誤り」
- 岩井「膀胱もくしゃみの誤り」

鬼に金棒

【意味】ただでさえ強いものがさらに力を得てもっと強くなること

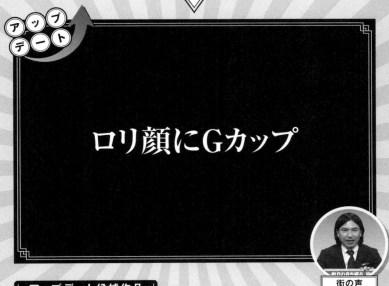

ロリ顔にGカップ

2015年 4月9日

アップデート候補作品

- **ジョナサン**　「Oプロデューサーにデカちん」
  「5時に夢中!にふかわりょう」
- **中　瀬**　「ジョナサンにIQ」
- **岩　井**　「志麻子にかなまら」

街の声
「焼き肉にライス」「イチローに金属バット」「聖徳太子にICレコーダー」

月とスッポン

【意味】似ているようでいて、比べ物にならないほど違うことのたとえ

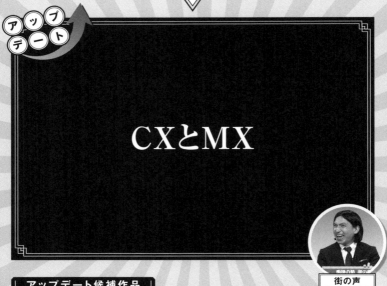

2015年4月9日

CXとMX

街の声

| アップデート候補作品 |

ジョナサン 「Oプロデューサーと僕」
中　瀬　「手ブラとスッポンポン」「さお師とさおだけ屋」
岩　井　「すっぽんとすっぽんぽん」

街の声
「ビールと発泡酒」「天然と天然キャラ」「加藤あいと阿藤快」

馬の耳に念仏

【意味】いくら忠告や意見をしてもいっこうに効き目がないこと

アップデート

ひとりぼっちの朝だち

2015年4月16日

ジョナサン

| アップデート候補作品 |

岩　井　「馬のモノにAV」「大川Pのチ●コにLサイズ」

街の声
「バカに哲学書」「ニートにリフレッシュ休暇」「貧乳好きにGカップ美女」

溺れる者はワラをも掴む

【意味】本当に困った人はどんな頼りないものにでも縋ってしまうこと

アップデート

2015年4月23日

欲求不満な者はコンニャクをも掴む

ジョナサン

| アップデート候補作品 |

岩井 「岡山県民はヤギだけでなくニワトリともやる」

街の声
「あせる女は変な男を掴む」「卒業したくてブスにお願い」
「売れないアイドルがAVに転身」「男子寮生は寮母でも口説く」

石橋を叩いて渡る

【意味】非常に用心深いことのたとえ

アップデート

コンドーム着用で合コン

街の声

2015年5月7日

| アップデート候補作品 |

- **ジョナサン**「ざるそばにフゥ〜フゥ〜する」
- **中瀬**「警察にセコムする」
- **岩井**「瀬戸大橋を岡山のスケベは渡らん」

街の声
「大トロを煮沸して食べる」「薬を消毒して飲む」「歌舞伎町を防弾チョッキ着て通る」

泣きっ面に蜂

【意味】困っているときにさらに不運・不幸が起きること

金欠に住民税

2015年5月28日

ジョナサン

| アップデート候補作品 |

岩井　「岡山県に志麻子」

街の声
「ツイッター炎上に顔バレ」「ブサイク面に粗チン」「ぼったくりバーに実の娘」
「土下座でカツラ落ちる」「クラミジアに毛じらみ」

千里の道も一歩から

【意味】 どんなに大きな物事も、地道な作業から始まっていくこと

アップデート

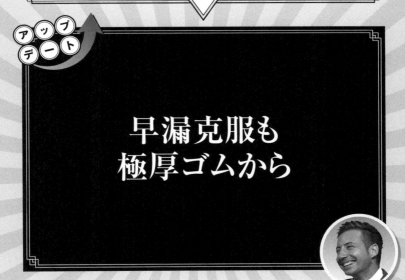

早漏克服も
極厚ゴムから

2015年5月28日

ジョナサン

| アップデート候補作品 |

ジョナサン「高嶺の花も1通のLINEから」
岩井「千ずりの道も隣のオバハンから」

街の声
「こち亀も1巻から」「ウサイン・ボルトもハイハイから」「加藤鷹も童貞から」
「Gカップもスポブラから」

視聴者
「銀座のママもヘルプから」「センズリもひとこすりから」

ことわざ

飼い犬に手を噛まれる

【意味】可愛がっている目下の者から害を加えられること

アップデート

2015年6月4日

ADにタメ口使われる

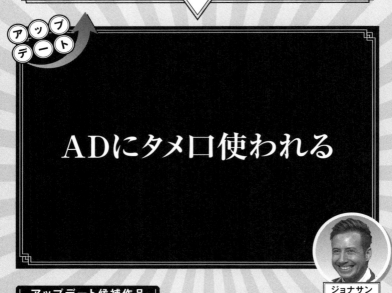

ジョナサン

アップデート候補作品

ジョナサン「猟犬に獲物食われる」
中瀬「デブ専にやせろとさとされる」「ジョナサンに無視される」
岩井「メスヤギに男を盗られる」

街の声
「部下に呼び捨てにされる」「メイドにディスられる」
「自動掃除機に足を捻挫させられる」

視聴者
「弟に彼女取られる、妹にプリン食われる」

ことわざ

玉にきず

【意味】ほとんど完全に近いものに、わずかな欠点があることのたとえ

フェラーリに
5時夢ステッカー

2015年 6月11日

街の声

| アップデート候補作品 |

ジョナサン「iPhoneに電池寿命」
中 瀬「ジョニデにチンカス」

街の声
「美女に酒焼け声」「iPhone液晶カバーに気泡」「Gカップに乳毛」

視聴者
「神父に逮捕歴」

花より団子

【意味】美・風流よりも実益の方が大切であるということ

2015年6月11日

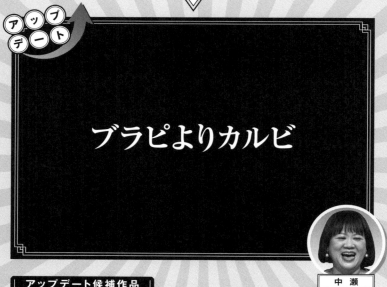

ブラピよりカルビ

中瀬

| アップデート候補作品 |

ジョナサン「ブルーの瞳より視力2.0」
岩 井「女よりヤギ」「乙女より年増」「日本円より物々交換」

街の声
「楽曲より投票権」「高嶺の花よりヤレるブス」「ミロのビーナスより生身のブス」
「『やさしさ』より『やらしさ』」

視聴者
「愛より金」「ルックスよりテクニック」「顔より逸物」「社会的意義より視聴率」
「イケメンよりイクメン」

薔薇に棘あり

【意味】外見のよいものは、陰に悪い面を持つということ

マラにカスあり

2015年7月2日

中瀬

| アップデート候補作品 |

ジョナサン「ワンナイト彼女に和彫りあり」
岩井「岡山県に岩井志麻子あり」

街の声
「デカチンに性病あり」「好青年の変態」「うまいモノに高カロリーあり」
「Gカップに大き目乳輪あり」

27

寝耳に水

【意味】まったく思いがけない出来事に、驚き慌てることのたとえ

アップデート

2015年 7月23日

コンドームに穴

ジョナサン

| アップデート候補作品 |

中瀬「窓の外にお兄さん」

街の声
「入社初日にリストラ」「麦茶と思ったらめんつゆ」「告白だと思ったらカツアゲ」

枯れ木も山の賑わい

【意味】つまらないものでも、ないよりはましだということ

アップデート

ジョナサンも 5時夢の賑わい

―2015年 7月23日―

中瀬

| アップデート候補作品 |

ジョナサン「早漏もエッチの賑わい」
岩井「汁男優もAVの賑わい」

街の声
「ブスも合コンの賑わい」「垂れ乳もブスの賑わい」「MXもテレビ欄の賑わい」

絵に描いた餅

【意味】観念的・空想的なものは実際の役に立たないということ

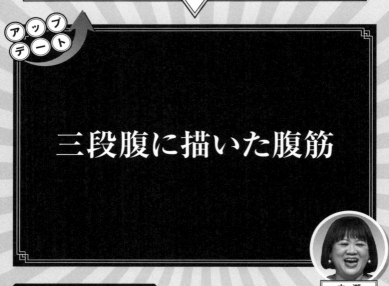

2015年 8月6日

三段腹に描いた腹筋

中瀬

| アップデート候補作品 |

街の声
「食品サンプルのフルコース」「夏休みの宿題の予定表」
「グーグルマップで世界旅行」「小学校の卒アルの『将来の自分』」
「ノートに描いたGカップ」

視聴者
「下ネタなしの木曜5時夢」「冷蔵庫に貼った『その一口が豚の始まり』」

ことわざ

まな板の鯉

【意味】自分の意志や力ではどうすることもできない状態のたとえ

アップデート

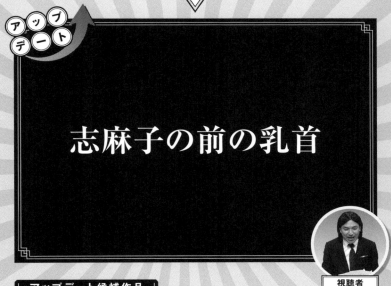

志麻子の前の乳首

視聴者

2015年 8月6日

| アップデート候補作品 |

- **ジョナサン**「M性感」
- **中瀬**「手術台の粗チン」
- **岩井**「風俗店の童貞」

街の声
「初めて行くヘアサロン」「妻からの『スマホ見たんだけど』」「満員電車での便意」

ことわざ

喉から手が出る

【意味】欲しくて欲しくてたまらない様子のたとえ

アップデート

2015年 8月13日

チ●コが
つりざおになるほど

中瀬

| アップデート候補作品 |

ジョナサン「ピンサロの無料招待券」
岩井「そこから手が出る!?」

街の声
「家族を売り渡す(ほど)」「袖の下から金が出る(ほど)」
「砂山がGカップに見える(ほど)」「フランクフルトに頬を赤らめる(ほど)」

視聴者
「ジョナサンのレギュラー番組」「5時夢の全国放送」

釈迦に説法

【意味】その道に精通している人に、それを教えようとする愚かさ

アップデート

サメにコンドロイチン

2015年 8月20日

中瀬

| アップデート候補作品 |

ジョナサン「世界の王さんに野球指導」「宣教師に説教」
岩井「大川Pに粗チン攻撃」

街の声
「ガンジーに道徳教育」「アインシュタインに公文」「加藤鷹に保健体育」

逃した魚は大きい

【意味】手に入れかけてダメになったものは実際以上によく思えること

アップデート

2015年8月20日

レンタル中のAVはドエロい!

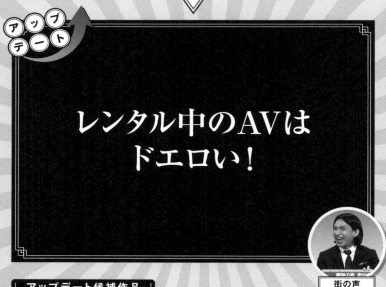

街の声

| アップデート候補作品 |

中瀬 「落とした馬券は当たる」
岩井 「思い出の中でち●こは大きくなる」

街の声
「『いいとも!』の穴は大きい」「落とした財布には『大金』」
「転向した子は超カワイイ」「逃したGカップはIカップ」

視聴者
「合コンで番号聞けなかった子は可愛い」

あばたもえくぼ

【意味】好意を持つ相手に対しては欠点ですら長所に見えること

アップデート

おしっこも聖水

2015年9月17日

視聴者

| アップデート候補作品 |

中瀬　「乳毛もコスモス」
岩井　「無職もアーティスト」

街の声
「加齢臭もフレグランス」「バカも癒やし系」「ただの非常識もクレイジーだぜ」
「おならも讃美歌」

視聴者
「幸薄顔もクールビューティー」「前科もミステリアスな過去」

ことわざ

掃き溜めに鶴

【意味】つまらない所にそこに似合わぬ優れた者がいること

アップデート

汁男優にイケメン

2015年10月1日

岩井

| アップデート候補作品 |

中瀬「5時夢スポンサーにビル・ゲイツ」

街の声
「物理部にGカップリケ女」「柔道界に本物の美人選手」

青菜に塩

【意味】急に元気がなくなってしまい、しょんぼりとうなだれてしまう様子

アップデート

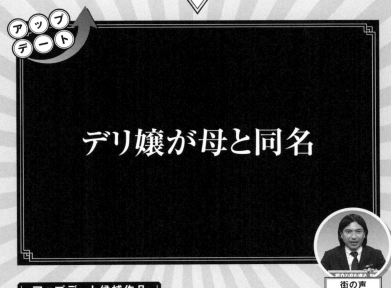

デリ嬢が母と同名

2015年10月15日

| アップデート候補作品 |

ジョナサン「エッチ中にオナラ」「DJ中にお漏らし」
岩井「大川Pに寒冷地」

街の声
「新品スニーカーに糞」「OLに福山結婚のニュース」「Gカップにプラス40歳」

視聴者
「ドラキュラに朝日」「ふかわにマツコ」

陸に上がった河童

【意味】環境が変わって能力をまったく発揮できなくなること

アップデート

2015年10月22日

キー局に出演した志麻子

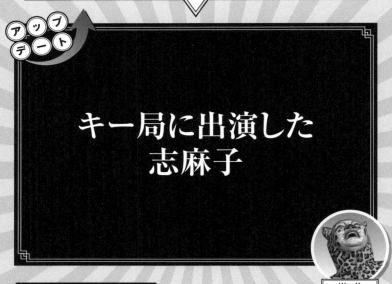

岩井

| アップデート候補作品 |

街の声
「下町の路地にフェラーリ」「マラソン大会に出たGカップ」
「ニュースを読む天龍源一郎」「保育園にプーチン先生」

灯台下暗(もと)し

【意味】身近な事情には注意が行き届かず案外わかりにくいたとえ

アップデート

ガソリンスタンド下に油田

2015年11月19日

ジョナサン

| アップデート候補作品 |

- 中瀬 「ADが資産家の息子」
- 岩井 「岡山先暗く……はない!」

街の声
「頭の上のメガネ」「幼馴染のGカップ」「臭いと思ったら自分の口」
「あなたを一番愛しているのはお母さん」

視聴者
「おっぱいの裏のほくろは見えない」「自分のケツ毛は見えない」

猫に小判

【意味】値打ちがあっても、その価値がわからない者には意味がないこと

アップデート

2015年11月19日

ガキにキャビア

街の声

| アップデート候補作品 |

ジョナサン「ハゲにリンス」
岩井「志麻子にバイブ」

街の声
「サンコンにメガネ」「5時に夢中! 3D」「ハゲにドライヤー」

視聴者
「ハムスターおじさんに自由が丘」「Aカップにブラ」

盗人を見て縄をなう

【意味】ものごとが起きてからあわてて準備をすること

アップデート

離婚届を見て妻に花買う

2015年12月3日

視聴者

アップデート候補作品

ジョナサン「出してからゴムをつける」
岩井「チン●を見てからパンツを脱ぐ」

街の声
「溺れながら浮き輪ふくらます」「ヨネスケが来て米を炊く」「ピーコを見て服を買う」
「独女が40過ぎて理想を下げる」「警官を見て服を編む」

視聴者
「振られてから包茎手術」「2度目のデートからカツラ装着」
「勃起してからナンパする」

コラム①
名人たちが選ぶ
個人的歴代最高アップデート

レギュラー出演者がこれまでのアップデートを振り返って、個人的に一番面白かったのはどのアップデート？ その理由とともに教えてもらいました。

ふかわ

一寸の虫にも五分の魂 ⇒ 無職にも曜日感覚

多くの番組視聴者が**共鳴した**のでは。

ジョナサン

嘘つきは泥棒の始まり ⇒ 母からのおしりペンペンは僕のSMの始まり

「僕」という一言をつけることで、**男性の歩んできた人生を感じる**ことができたすばらしいアップデート。

中瀬

前門の虎、後門の狼 ⇒ 両親から「仕事見つかったの？」親戚の子から「お年玉ちょうだい」

この切実感、リアリズム、そして諧謔、どれを取っても最高。自分からは絶対出てこないセンスで、**文章調の傑作**。これに近い「街の声」がいくつかあり、どれも爆笑するとともに**リスペクトを禁じ得ない**。「泥棒を見て縄をなう」のアップデート、「やっちゃった後に『私達付き合ってるんだよね？』」と迷った。

岩井

木を見て森を見ず ⇒ ケツ見て性別を見ず

私個人的には気持ちよければなんでもいいという考えなので、**みんながこういう気持ちになれば、世の中は平和**になると思う。

第 ② 章

2016年の
アップデート

勢いづく2年目！
後世に残したい回答の数々。

ことわざ

盆と正月が一緒に来たよう

【意味】うれしいことが重なって非常に忙しいたとえ

アップデート

デリヘルと宅配ピザが一緒に来たよう

2016年1月7日

街の声

アップデート候補作品

中瀬「リオのカーニバルとだんじりが一緒に来たよう」
岩井「毛じらみとカンジダが一緒に来たよう」

街の声
「ロトとジャンボが同時に当たったよう」「GカップとTバックが一緒に来たよう」

視聴者
「歌舞伎町と五反田が合併したよう」

ことわざ

能ある鷹は爪を隠す

【意味】優れた人はその能力を見せびらかしたりしないこと

アップデート

能ある鷹さんは爪を削る

2016年1月7日

岩井

アップデート候補作品

ジョナサン「超絶お金持ちなおじさんは私服がダサい!!」
中 瀬「能あるお局OLは預金通帳を隠す」

街の声
「能ある美女はバカを演じる」「東大生ほど学歴を隠す」
「ドエロい女はパンツルック」「Gカップはさらしで押さえる」

視聴者
「実力派女優は巨乳を隠す」

45

清水の舞台から飛び降りる

【意味】思い切って決断し物事を行うたとえ

アップデート

2016年1月28日

激安風俗に
フリーで入店

街の声

| アップデート候補作品 |

ジョナサン「生放送中からお漏らし」

街の声
「銀座の寿司屋で『おまかせ!』」

視聴者
「事務所から独立する」「ボーナス全部競馬の1点買い」

水と油

【意味】異質で混じり合わないこと　しっくりこないこと

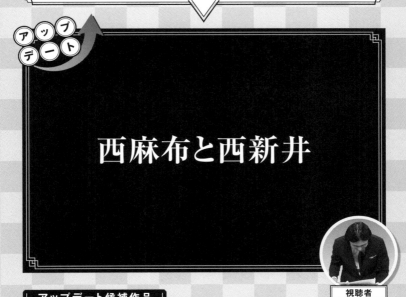

西麻布と西新井

2016年1月28日

視聴者

| アップデート候補作品 |

岩　井　「志麻子とキー局」「志麻子と港区」

街の声
「MXとNHK」「港区と足立区」

視聴者
「坊さんと元AV女優」

ことわざ

鴨が葱を背負ってくる

【意味】うまいことが重なりますます好都合である

アップデート

巨根が真珠入れてくる

2016年2月11日

岩井

| アップデート候補作品 |

中瀬　「ブタが網タイツ穿いてきた」

街の声
「老婆が大金を持ってくる羽毛布団の説明会に」「女体が刺身をのせてくる」
「薄着のGカップ美女が道に迷ってる」

糠(ぬか)に釘

【意味】なんの手ごたえも効き目もないこと

ハゲにクシ

2016年3月3日

視聴者

| アップデート候補作品 |

ジョナサン「骨折にツバ」
中瀬「ガバガバに粗チン」
岩井「抜かずに中折れ」

街の声
「タコに関節技」「ラジオで顔芸」「脚フェチにGカップ」
「ラブドールに四十八手」

視聴者
「政治家に正論」「岩に愛撫」

ことわざ

隣の芝生は青い

【意味】他人のものはなんでもよく見えるというたとえ

アップデート

2016年4月7日

あっちのキャバ嬢は なんだかヤレそう

視聴者

| アップデート候補作品 |

ジョナサン「隣の解答用紙は正解に見える」
中瀬「友達のカレシは皆、巨根」

街の声
「隣のレジは早く進む」「対戦校のマネージャーはGカップ」「隣の頭は毛が多い」
「隣のチャンネルはすごい」「隣の黒船は面白いのが来た」

視聴者
「隣の合コンはすごく楽しそう」

武士は食わねど高楊枝

【意味】貧しい境遇にあってもやせ我慢すること

ブスはナンパされねどピンヒール

2016年4月7日

中瀬

| アップデート候補作品 |

ジョナサン「早漏だけど0.01ミリゴム」
岩井「うんこは食わねど変態はいる」

街の声
「乳はなくとも高級ブラ」「職はあらねどスーツで外出」

視聴者
「ブサイクだけど財布にゴム」「童貞やらねどテクニック語る」

匙を投げる

【意味】物事がよくなる見込みがないため、あきらめ見放すこと

2016年4月21日

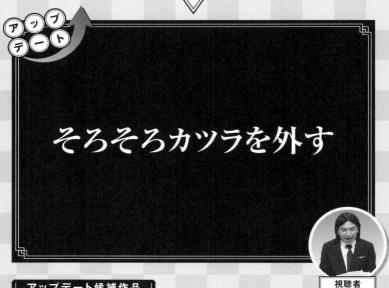

そろそろカツラを外す

視聴者

| アップデート候補作品 |

ジョナサン「5時夢をやめる」
中瀬「体重計を捨てる」
岩井「毛抜きを投げる」

街の声
「リクルートスーツを燃やす」「テスト用紙で鶴を折る」「遅刻だけど歩く」
「美顔器を捨てる」

視聴者
「生身より2次元だよね」

臭い物に蓋をする

【意味】不正な行いや醜いことを一時しのぎで隠そうとするたとえ

アップデート

出た腹にチュニック

2016年 6月16日

視聴者

| アップデート候補作品 |

ジョナサン「ケータイにはロックをする」
中瀬「ヒョウメイクにフード付きコート」
岩井「臭い一物にはツバをつける」

街の声
「すっぴんにマスク」「無職の息子にスーツ」
「風俗嬢に貰った名刺は捨てておく」「ハゲに野球帽」「ブスにモザイク」

ことわざ

人のふんどしで相撲を取る

【意味】他人のものを使って自分の目的を果たそうとすること

アップデート

住宅展示場でホームパーティ

街の声

| アップデート候補作品 |

中瀬「人のパソコンでエロメールを開ける」
岩井「妻の金で浮気する」

街の声
「買ったお惣菜で愛妻弁当」「預かった子猫で女を部屋に誘う」
「後輩の企画書を我が物顔で出す」

視聴者
「カツラの毛先を遊ばせる」「大川Pの権力で長年黒船」「犬の糞で検便をパス」

危ない橋を渡る

【意味】あえて危険な方法や手段を用いること

2016年6月23日

現状維持

| アップデート候補作品 |

ジョナサン 「大川Pとのピロートークを断る!!」
岩　井 「危ない蟻の門渡り」

街の声
「彼女の働いている店で合コンする」「うっかりを装って女子更衣室に入る」
「Gカップだけどノーブラで外出する」「飲み友達の奥さんに手を出す」
「次の駅まで便意を我慢する」

視聴者
「家族が出かけているうちに全裸でオナニーする」

味噌も糞も一緒

【意味】性質の違うものを区別せず、何もかも一緒くたにして扱う

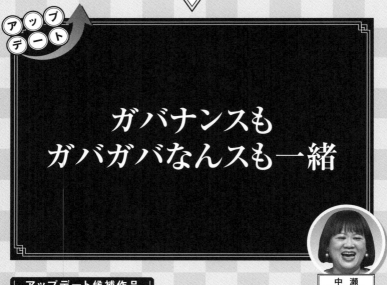

ガバナンスも
ガバガバなんスも一緒

中瀬

| アップデート候補作品 |

ジョナサン「ベニスもペニスも一緒」
岩井「毛じらみもカブトムシも一緒」

街の声
「ブラピも便秘も一緒」

視聴者
「おしんこもお●んこも一緒」「うんこもあんこも一緒」「巨根もチョコンも一緒」

無い袖は振れない

【意味】何かをしようと思っても、その力がなく、どうにもならないこと

アップデート

無い家には帰れない

2016年 8月18日

街の声

| アップデート候補作品 |

- **ジョナサン**「無いチンゲ(毛)ールは剃れない」
- **中 瀬**「あまらない皮は切れない」
- **岩 井**「大川Pとのはゆれ(ブレ)ない」

街の声
「無い乳は揉めない」「無い髪はとけない」「無い愛は地球を救えない」

視聴者
「無い職じゃ帰れない」「無い頭じゃ思いつかない」

ことわざ

触らぬ神に祟り無し

【意味】関係を持たなければ、災いを受けることはないというたとえ

アップデート

2016年9月8日

使わぬアソコに性病無し

視聴者

アップデート候補作品

- **ジョナサン**「触れぬデブに失礼無し」
- **中瀬**「触らぬチ●コに勃ったり無し」
- **岩井**「しゃぶらぬカメは立ち悪し」

街の声
「乗らぬ満員電車にチカン冤罪無し」「発言しなけりゃスベリ無し」
「部屋から出なければ傷つくことも無し」

視聴者
「風俗で新しい子と遊ばなければハズレ無し」

風前の灯

【意味】きわめて心もとないこと

アップデート

ジョナサンのレギュラー

2016年9月8日

中瀬

| アップデート候補作品 |

ジョナサン「ご無沙汰の早漏」
中 瀬「交番前の露出狂」
岩 井「都知事の前の都痴女」

街の声
「台風の前のビニ傘」「水着の面積がどんどん減っていくグラドル」
「K-1に出たおじいちゃん」「エリートの前の無職」

視聴者
「名器の前の早漏」

ことわざ

捕らぬ狸の皮算用

【意味】不確実なものを当てにして計画を立てることのたとえ

アップデート

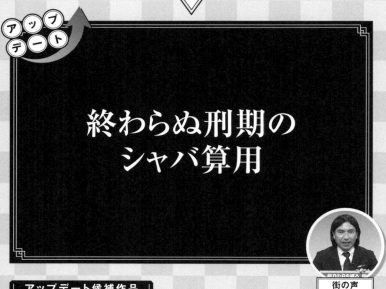

終わらぬ刑期の
シャバ算用

2016年11月3日

街の声

| アップデート候補作品 |

ジョナサン「動かさぬ右手の昇天算用」
中瀬「掘らぬア●ルのシワ算用」
岩井「剥けぬふかわの皮算用」

街の声
「見えぬ出会い系の顔算用」「盛らぬ豊洲の土算用」「死なぬ親父の遺産算用」
「やらぬ童貞の性病算用」

視聴者
「売れぬジョナサンのサイン練習」「入れぬパールのマラ算用」

ことわざ

濡れ手で粟(あわ)

【意味】大した苦労もしないのに簡単に多くの利益を得ること

アップデート

右手であぁ……

2016年11月17日

視聴者

アップデート候補作品

ジョナサン「スーパーの試食でディナー」
中 瀬「ちぢれ毛で毛じらみ」
岩 井「濡れててアワワ!」

街の声
「揉み手で出世」「ネズミ講でガバー」「拾い物でバザー」「脂肪で暖」

視聴者
「恵みの雨でシャワー」「資金源がパパー」

ことわざ

鉄は熱いうちに打て

【意味】物事はチャンスを逃さず実行することが重要というたとえ

アップデート

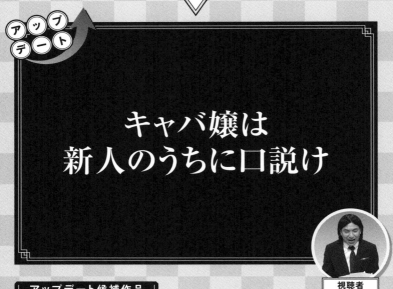

キャバ嬢は新人のうちに口説け

2016年12月8日

視聴者

アップデート候補作品

- **ジョナサン**「体は熱いうちに抱け」
- **中瀬**「ケツは若いうちに掘れ!」
- **岩井**「ADは童貞のうちにいじれ」

街の声
「メールは合コンの後すぐに打て」「株は高いうちに売れ」
「ジャスティン・ビーバーが推してるうちに売れろ」「Gカップは垂れないうちに揉め」
「前髪はあるうちに遊ばせろ」

視聴者
「便は出るときに出せ」「皮は若いうちに剥け」

軒を貸して母屋を取られる

【意味】一部を貸したために全部を奪われてしまうこと

コンドーム貸して女を取られる

2016年12月8日

ジョナサン

| アップデート候補作品 |

中瀬 「パンツを貸して性病うつされる」
岩井 「ちん●を貸して人生をネタにされる」

街の声
「グローブを貸してレギュラーを取られる」「ノートを貸して成績トップを取られる」
「ホームパーティに招いて妻を取られる」「一口ちょうだいで皿ごといかれる」

視聴者
「基地を貸して主権を取られる」

コラム② 今さら聞けないアップデート頻出語

たびたびアップデートに使われる言葉を集めて解説しました。中にはレギュラー陣が「多く感じる」と選んだものもあります。

頻出語	なんで頻出？
大川P	『5時に夢中!』プロデューサー。Oプロデューサーとも。出演者に執拗にイジられる。
岡山県	岩井の出身地として、ほか出演者のイジリや岩井本人の自虐ネタに使われる。
ヤギ	岩井の出身地である岡山県ではヤギで童貞喪失するというネタからたびたび登場。
早漏	ジョナサンの十八番。実体験を交えたアップデートで視聴者の心を掴む。
オブラート	危なげな発言を包み込む、ふかわりょうの対応力を褒め称えるときに。
ハゲ	儚さと切なさのあることわざのアップデートにマッチする便利な言葉。
童貞	一度も経験がない視聴者男性諸君の心に響かせる。
合コン	出会いの場で感じる喜怒哀楽の感情は今も昔も変わらず。
風俗嬢	ただの下ネタと思いきや、意味合いが噛み合えば男性視聴者の強いうなづきを誘う。
MX	自分の発言を放送するテレビ局へのイジリ、自虐に使われる。
ふかわ	主にはジョナサンによるふかわイジリとヨイショに使われる。
ジョナサン	主には中瀬、岩井によるジョナサンイジリに使われる。
無職	視聴者に多いので。（中瀬コメント） 自分の息子が無職だったときに、このコーナーのおかげで「無職は笑い者にされる」ということを学んでもらえて、働くように伝えることができた。（岩井コメント）

……ジョナサンの見つけた頻出語　……中瀬の見つけた頻出語　……岩井の見つけた頻出語

第 ③ 章
2017年の
アップデート

アクの強い一般回答も続々登場した、
3年目のアップデート。

ことわざ

朱に交われば赤くなる

【意味】人はその環境や交際する友達で良くも悪くもなるというたとえ

アップデート

2017年1月12日

ジョナサンと話せばバカになる

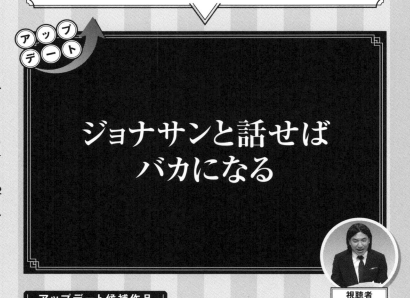

視聴者

| アップデート候補作品 |

ジョナサン「志麻子に交わればエロくなる」
中瀬「デカチンと交わればガバガバになる」
岩井「ヤギとまぐわえば岡山県民になる」

街の声
「ヤンキーと交われば悪くなる」「カレー粉を加えればカレー味になる」
「田舎の友達と話せばやや訛る」

視聴者
「5時夢を観ると変になる」

馬子にも衣装

【 意 味 】どんな人でも身なりを整えれば立派に見えること

アップデート

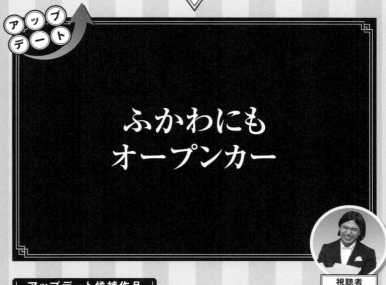

ふかわにも
オープンカー

2017年 1月12日

視聴者

| アップデート候補作品 |

- **中 瀬**「大川Pにもペ●スケース」
- **岩 井**「大川PにもXLゴム」

街の声
「ペチャパイにもパッド」「ブスにもドレス」「バカにも英字新聞」
「クソ映画にも『全米が泣いた』」

視聴者
「ママチャリにもベンツのエンブレム」「ハゲにもリボン」
「変な商品にもなんとかセレクション金賞」

ことわざ

井の中の蛙大海を知らず

【意味】自分だけのせまい知識に満足して得意になっている様子

アップデート

2017年1月19日

胃の中のカルビ 体形を知らず

中瀬

| アップデート候補作品 |

ジョナサン「MXの中のジョナサン キー局を知らず」
岩井「志麻子の中の毛じらみ 巨根を知らず」

街の声
「男子校の童貞 女の口説き方知らず」「田舎の神童 灘中を知らず」
「クラスのお笑い担当 さんまの凄さを知らず」「家の中のニート 外の寒さ知らず」

視聴者
「大人数アイドルの人気メンバー ソロのシビアさ知らず」
「ムショの中のアイツ 生まれた子の可愛さ知らず」
「あのときの俺 社会の厳しさ知らず」「ゴムの中の精子 本当のゴールを知らず」

犬が西向きゃ尾は東

【意味】当然すぎること　決まりきったこと

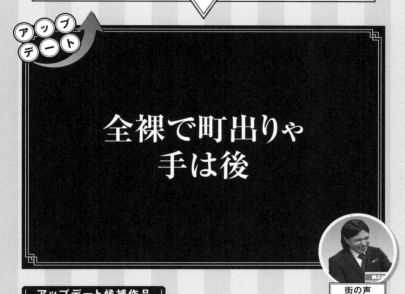

全裸で町出りゃ手は後

2017年1月19日

街の声

| アップデート候補作品 |

ジョナサン　「大川Ｐが今夜ピローと言やぁ今夜はピロー」
中　瀬　「チンがズル剥きゃ大人になる」
岩　井　「ふかわが皮剥きゃ大忙し」

街の声
「髪がなけりゃ抜け毛はなし」「ペーを見つけりゃパーもいる」
「ゲップが西出りゃ屁は東」

視聴者
「アメリカ西向きゃ日本も西」

ことわざ

弘法は筆を選ばず

【意味】名人は道具の良し悪しに左右されないことのたとえ

アップデート

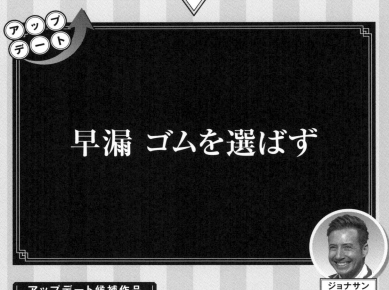

早漏 ゴムを選ばず

ジョナサン

アップデート候補作品

岩井「志麻子は仕事を選ばず」

街の声
「イケメンは服を選ばず」「冷凍食品 チンする人の腕を選ばず」
「中坊はオカズ選ばず」「カリスマ美容師 客の毛量を選ばず」

視聴者
「早漏 相手のテクニックを選ばず」

ことわざ

喉元過ぎれば熱さを忘れる

【意味】苦しい経験でも過ぎてしまえばすぐに忘れてしまうこと

アップデート

性病治ればゴム忘れる

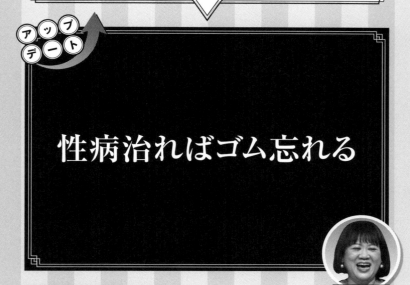

中瀬

2017年2月16日

| アップデート候補作品 |

ジョナサン「1分過ぎればスベったのを忘れる」
岩井「台北に行けばソウルを忘れる」

街の声
「便器に座ればピンチを忘れる」「選挙で受かればマニフェスト忘れる」
「思春期過ぎれば尾崎を忘れる」

視聴者
「オナニー過ぎればオカズを忘れる」「仕事が決まれば無職の辛さを忘れる」
「4月の改編期過ぎればジョナサン忘れる」「整形手術終われば昔の自分忘れる」

71

ことわざ

虎の威を借る狐

【意味】力のない者が実力者の威光を借りて威張ること

アップデート

ブルース・ウィリスの威を借るただのハゲ

2017年2月16日

街の声

| アップデート候補作品 |

- **ジョナサン**「ドナルドの威を借るイヴァンカ」
- **中 瀬**「Lの衣(装)を借りるとキツめ」
- **岩 井**「ヒョウの威を借るオバハン」

街の声
「富士山の威を借る静岡」

視聴者
「スタバでMacの威を借る意識高い男子」「稀勢の里フィーバーを借るただのデブ」
「YouTubeの威を借るただのお調子者」「人の晩飯を借るヨネスケ」

君子危うきに近寄らず

【意味】賢い人間は危険なところへは近づかない

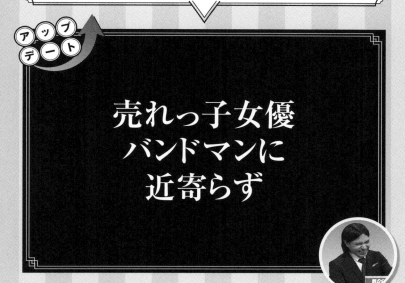

売れっ子女優 バンドマンに近寄らず

2017年3月2日

街の声

| アップデート候補作品 |

ジョナサン「肉体は糖質に近寄らず」
中 瀬「クンクンし、臭きに近寄らず」
岩 井「志麻子ドーピングに近寄らず」

街の声
「かしこい芸能人 ツイッターで呟かず」「おやじ 女性専用車両に近寄らず」
「おバカタレント 正解に近寄らず」

視聴者
「売れっ子 MXに近寄らず」「ニート ハローワークに近寄らず」

ことわざ

雀百まで踊り忘れず

【意味】若い頃の習慣や癖はいくつになっても直らないこと

アップデート

ふかわ百まで
オブラート忘れず

ジョナサン

| アップデート候補作品 |

- **中瀬**「灘中、百まで学歴忘れず」
- **岩井**「志麻子百までオナ忘れず」

街の声
「オバさん百までモテていた日々忘れず」

2017年3月2日

賽は投げられた

【意味】すでに戻れない状況にあること

アップデート

便は顔出した

2017年 5月11日

街の声

| アップデート候補作品 |

ジョナサン「パイは舐められた」
岩 井「パイは舐められた」

街の声
「文春は動きだした」「愛は冷めだした」「髪は抜けだした」

視聴者
「豊洲は建てられた」「ブラは外された」

藪をつついて蛇を出す

【意味】おさまっているものをいらぬことをしてかえって災いを招くこと

アップデート

エゴサーチをして
涙出す

街の声

2017年6月1日

| アップデート候補作品 |

岩井「志麻子をつついて日本円を出させる」

街の声
「父の遺品つついてエロビデオ出す」「Gカップをつついて被害届出る」

視聴者
「パトカーを避けて大麻がバレる」「頭つついてカツラをずらす」

ことわざ

捨てる神あれば拾う神あり

【意味】たとえ不運なことがあっても悲観することはないというたとえ

アップデート

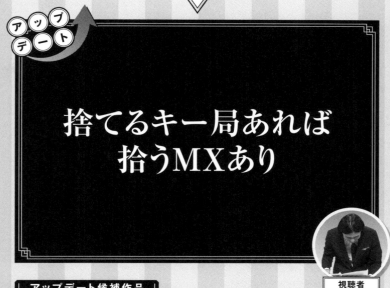

捨てるキー局あれば拾うMXあり

2017年6月1日

視聴者

アップデート候補作品

ジョナサン「イッちゃうオレいれば復活させてくれる女性あり」
中　瀬「吸える亀あれば吸えぬ亀あり」
岩　井「剥ける皮あれば剥けぬ皮あり」

街の声
「捨てる芸能界あれば拾うAV界あり」「老けるオバさんいれば拾う熟女好きあり」
「抜ける髪あれば植える髪あり」

視聴者
「捨てるエロ本あれば眺める中坊あり」

ことわざ

真綿で首を絞める

【意味】じわじわ相手を苦しめるたとえ

アップデート

2017年6月1日

デブの部屋の
エアコンを
1度ずつ上げる

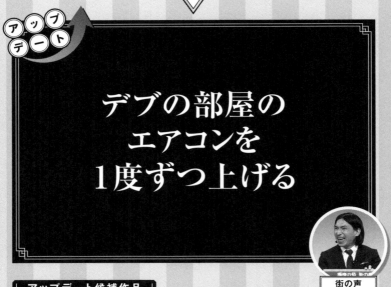

街の声

アップデート候補作品

- **ジョナサン**「志麻子の男を1人1人取り上げる」
- **中 瀬**「お股で乳首を絞める」
- **岩 井**「ガバガバで粗チンを絞める」

街の声
「スキャンダルを小出しにする」「周りがじわじわ結婚していく」
「美女が添い寝だけする」「屁をしてドアを閉める」

毒を食らわば皿まで

【意味】居直って悪事を続けること

アップデート

娘食らわば母まで

2017年 7月6日

ジョナサン

| アップデート候補作品 |

岩井「玉を食らわば穴まで」

街の声
「目元をいじらば鼻まで」「小を漏らさば大まで」「ハゲてきたならば剃るまで」

視聴者
「皮を切らば真珠まで」「恵使わばふかわまで」

生兵法は大怪我の元

【意味】未熟な知識や技術で軽率に物事を行うと大失敗すること

2017年7月6日

アップデート

生でいいよと言う
女は地雷

岩井

| アップデート候補作品 |

ジョナサン「5時夢で満足はノンストップ終了の元」
中瀬「ナマ性交は性病の元」

街の声
「ずさんな移転計画は汚染水の元」「作り慣れない手料理は彼氏失いの元」
「無理な大学デビューは便所めしの元」「おぼえかけのラップは地獄の元」

視聴者
「素人のフグ料理は大惨事の元」「テレビ番組のネット引用は誤報の元」

蛞蝓に塩(なめくじにしお)

【意味】苦手なものを前にして萎縮してしまうこと

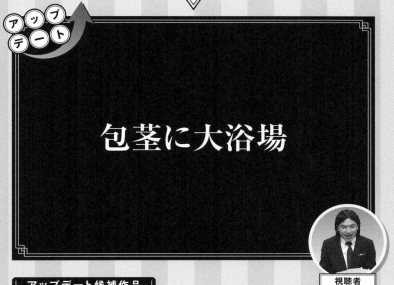

包茎に大浴場

2017年7月20日

視聴者

| アップデート候補作品 |

ジョナサン「挿入前にワキガ」
中瀬「ゲイにボイン」
岩井「青(あ〜お)菜に(〜)塩(しよ〜)」

街の声
「路上生活にヒアリ」「モノマネ番組でご本人登場」
「待ち合わせ場所にブス」「ラブホの枕元にばあちゃんの写真」

視聴者
「オナニー中のノック」

ことわざ

木を見て森を見ず

【意味】細かな部分に気を取られて全体を見通さないこと

アップデート

ケツ見て性別を見ず

2017年8月17日

視聴者

アップデート候補作品

中瀬　「毛を見て盛りを見ず」
岩井　「大川Pを見てMXを見ず」

街の声
「ホクロを見て千昌夫を見ず」「イケメン俳優を見てストーリーを見ず」
「インスタ映え気にして味を見ず」「失言を見て政策を見ず」
「乳首を見てGカップを見ず」

視聴者
「髪形を見て兼職問題を見ず」

団栗の背比べ
どんぐり

【意味】どれも似たり寄ったりで抜きん出た者がいないこと

競馬場のおじさんの歯の数比べ

2017年9月14日

視聴者

| アップデート候補作品 |

ジョナサン 「北関東勢の背比べ」
中　瀬 「鈍栗（ドンクリ）の性比べ」

街の声
「ニートのスケジュール比べ」「オッさんの『昔はワルだった』比べ」
「インスタの映え比べ」「政治家の記憶比べ」

視聴者
「携帯会社のプラン比べ」「貧乳の下乳比べ」

毒を以て毒を制す

【意味】悪を除くのにほかの悪を利用することのたとえ

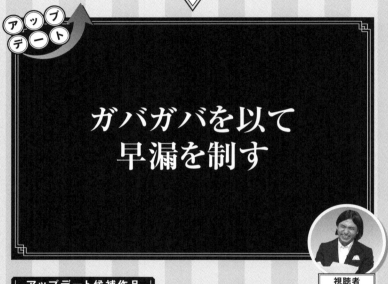

ガバガバを以て早漏を制す

2017年10月12日

視聴者

アップデート候補作品

ジョナサン「志麻子を以てチカンを制す」
岩　井「デブを以てババアを制す」

街の声
「炎上を以て認知の低さを制す」「食材焦がして賞味期限を制す」
「口臭を以てオナラをごまかす」

視聴者
「厚化粧を以てブスを制す」「次の不倫報道を以て前の不倫報道を終わらせる」

ことわざ

骨折り損のくたびれ儲け

【意味】苦労しても疲れるだけで効果がないこと

皮切り損のくたびれ童貞

2017年11月23日

視聴者

アップデート候補作品

ジョナサン「服脱ぎ損の失笑儲け」
岩井「中折れ損の志麻子くたびれ待ち」

街の声
「ダイエット損の乳しぼみ儲け」「合コン盛り上げ損のおごっただけ儲け」
「オシャレな部屋作り損の居心地悪さ儲け」「かまいたち損のにゃんこスター儲け」
「1日ロケして全カット」

視聴者
「箱入り娘が無職と結婚」「映画を撮って主演が逮捕」

縁の下の力持ち

【意味】人に知られないところで、力をつくすこと

2017年11月23日

宙に浮いて歌う マライア・キャリーの下の 持ち上げるダンサーたち

視聴者

| アップデート候補作品 |

ジョナサン 「テーブルの横の黒船特派員」
中瀬 「円の下のビットコイン持ち」
岩井 「へその下の毛じらみ持ち」

街の声
「とんかつの下のキャベツたち」「ブスを支えるプリ加工」
「アイドルの下の金ヅルファン」「面白くない先輩の下のとにかく笑う後輩」

視聴者
「美女の周りのブスたち」「スクープ記事の下の口の軽い関係者」

ことわざ

火の無い所に煙は立たない

【意味】うわさが立つからには、なんらかの根拠があること

アップデート

エロの無い所に オティンティン・ タタンティーノ

2017年12月14日

中瀬

アップデート候補作品

ジョナサン「エロの無い所にちんちんは勃たぬ」
中 瀬「根拠の無い所に巨根は勃たぬ」
岩 井「志麻子のいない飲み屋に乳首は立たぬ」

街の声
「屁の無い所に臭いは立たぬ」「ネタ無い所に文春は張らぬ」
「インスタ映え無い所に女子高生はおらぬ」
「やれそうな子がいないキャバに行列はできぬ」

視聴者
「発言しなければ炎上起きず」「特売無いスーパーにオバちゃんはおらぬ」
「歯の無いオヤジに虫歯はできぬ」「気の無い男に乳首は立たず」

恩を仇で返す

【意味】恩を受けた人に、かえって害を与えるような仕打ちをすること

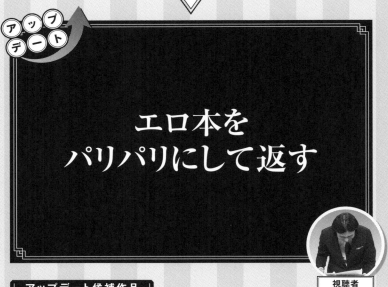

エロ本をパリパリにして返す

| アップデート候補作品 |

岩井　「毛じらみを尿道炎で返す」

街の声
「有権者の期待を不倫で返す」「サンタを不法侵入で訴える」
「背中のゴミを取ってあげたら『この人痴漢です!』」「恩師のヅラを暴く」

視聴者
「学生時代お世話になった定食屋を食べログで1.5点」
「Gカップのテクを粗チンで返す」「開発したAIが俺たちの仕事を奪う」
「トイレを借りつまらせて帰る」

第 ④ 章

2018年の
アップデート

回答に安定感のある4年目。
ドラマのセリフ回しのような回答も登場。

ことわざ

雨降って地固まる

【意味】いざこざの後は、かえって物事がうまくいくというたとえ

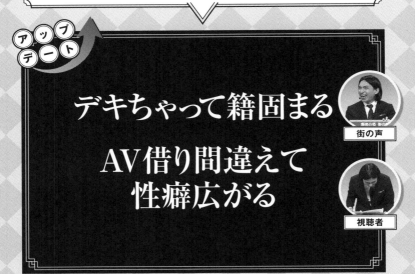

2018年1月18日

アップデート

デキちゃって籍固まる —— 街の声

AV借り間違えて性癖広がる —— 視聴者

| アップデート候補作品 |

ジョナサン　「スベってハート強まる」
中　瀬　「激太りしてGカップになる」
岩　井　「バイアグラ飲んでちん●固まる」

街の声
「地揺れて絆深まる」「監督キレてチーム団結」「亀踏まれチン固まる」

視聴者
「国破れて高度経済成長」「穴掘られ痔鎮まる」「W浅野を経て身固める」

金持ち喧嘩せず

【意味】金持ちは、小事にこだわらず余計な争いはしないこと

アップデート

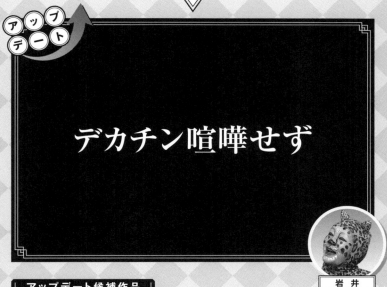

デカチン喧嘩せず

2018年1月18日

岩井

| アップデート候補作品 |

ジョナサン「デーブ・スペクター黒船ならず」
中瀬「金持ち中出しせず」「イケメン声張らず」

街の声
「Gカップ胸寄せず」「売れてる芸人M-1出ず」「灘中のやつらカンニングせず」

視聴者
「金持ち5時夢観ず」「美魔女若い子と並ばず」

ことわざ

唇亡びて歯寒し

【意味】一方が滅びてしまうともう一方も危うくなることのたとえ

アップデート

化粧亡びてブスやばし

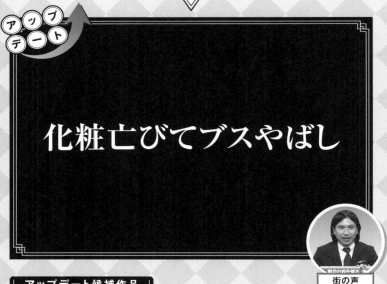

街の声

| アップデート候補作品 |

- **ジョナサン**「路ちゅー亡びてゆかり寂し」
- **中 瀬**「ワキガ治して口臭際立つ」
- **岩 井**「ゆかりやせてしまこ太るし」

街の声
「髪の毛亡びて肌寒し」「アニメ亡びてアキバ寒し」「レースクイーン亡びてF-1寒し」

視聴者
「ルーがなくなり米寒し」「下の毛亡びて竿寒し」

火事場の馬鹿力

【意味】差し迫った状況では、普段にない力を発揮すること

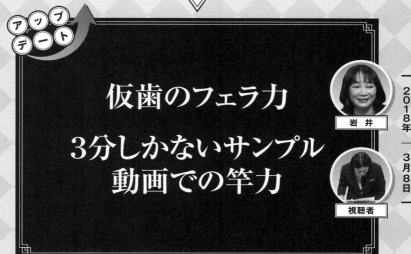

仮歯のフェラ力

3分しかないサンプル動画での竿力

岩井

視聴者

2018年3月8日

アップデート候補作品

ジョナサン「イッてしまいそうなときの母の顔力」

街の声
「漏れそうなときのケツ力」「修羅場のホラ力」「時効前の捜査力」
「食べ放題に行ったオバさんの元を取ろうとする力」「激安風俗での脳内修正力」

視聴者
「チェンジと言われそうなときの潤んだ目力」「職質中の猛ダッシュ」

豚を盗んで骨を施す

【意味】大きな悪事を働いて、その償いにわずかの善行をすること

アップデート

2018年3月8日

「おい、クソババア！」
「長生きしろよ」

街の声

アップデート候補作品

- ジョナサン 「野グソして肥料にする」
- 中瀬 「パスワード盗んで『いいね！』ポチる」
- 岩井 「大川Pのちびち●こを笑って野球のうまさを誉める」

街の声

「親の金を盗んでおつりは返す」「立ちションで落書きを消す」
「空き巣に入って掃除する」「食い逃げして食べログに最高点」

視聴者

「服を盗んでお盆を施す」「ストーカーがアイドル宅の戸締まりを確認する」
「テザリング有料化して牛丼を施す」

泥棒を見て縄をなう

【意味】事が起こってからあわてて用意することのたとえ

アップデート

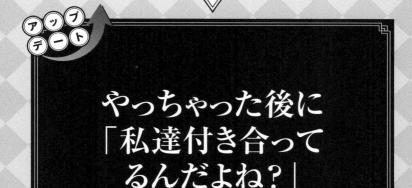

やっちゃった後に「私達付き合ってるんだよね?」

2018年4月5日

街の声

アップデート候補作品

- **ジョナサン**「おっぱじまってからのコンドームなう」
- **中　瀬**「ラブホに入って腹筋ナウ」
- **岩　井**「M男を太らせてから縄をなう」

街の声
「仮想通貨流出してセキュリティ強化」「美人の新入社員を見てズラを買う」
「●ンコと言ってからベル鳴らす」「お漏らししながらオムツ穿く」

視聴者
「警察を見てパンツ穿く」「花粉飛んでティッシュ買う」「うんこ漏らしてケツを締める」
「ハゲてから髪をいたわる」「客が出てから開店準備を始める」

赤子の手を捻る

【意味】たやすく思うままにできることのたとえ

アップデート

2018年4月5日

ジョナサンの首を切る

中瀬

| アップデート候補作品 |

ジョナサン 「ふかわがみんなを笑顔にする」
岩　井 「志麻子の乳首を捻る」

街の声
「童貞を惚れさせる」「親父が隠しているエロ本を見つける」「ハゲの髪を乾かす」
「パー子とにらめっこ」

視聴者
「志麻子に乳を出させる」

破(わ)れ鍋(なべ)に綴(と)じ蓋(ぶた)

【意味】何を一緒にするにも似通った者同士の方がよいということ

アップデート

早漏にガバガバ

ジョナサン

―2018年5月10日―

| アップデート候補作品 |

| 中 瀬 |「破れヅラに年増ブタ」
| 岩 井 |「垂れ乳にババシャツ」

街の声
「草食男子に肉食女子」「銭ゲバに悪徳弁護士」「露出狂に覗き魔」
「ジャイアンにスネ夫」「ぺーにパー」

視聴者
「メス豚にデブ専」「おしゃべりクソ野郎に筋肉バカ」「ジョナサンにおかざきなな」
「ふかわに5時夢」

97

ことわざ

一寸の虫にも五分の魂

【意味】小さく弱い人でも、それ相応の意地はあることのたとえ

アップデート

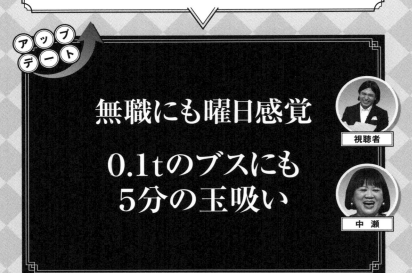

無職にも曜日感覚 （視聴者）

0.1tのブスにも5分の玉吸い （中瀬）

アップデート候補作品

ジョナサン「一寸のち●こにも五十分の挿入」
岩井「一寸のち●こにも五分の皮」

街の声
「バーコードオヤジにも分け目のこだわり」「3ケタのデブにもGカップの武器」
「不倫カップルにも純な恋心」「汁男優にも演技論」

2018年6月7日

ことわざ

重箱の隅をつつく

【意味】取るに足らない事柄をうるさく言うこと

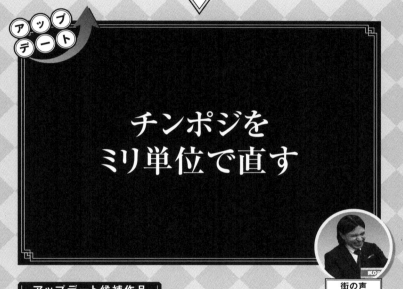

アップデート

チンポジを ミリ単位で直す

2018年 7月5日

街の声

アップデート候補作品

ジョナサン「お前また噛んだな!!」

中瀬「ヤリマンのファーストキスを聞き出す」
「Gカップのブツブツ（モントゴメリー腺）を数える」

岩井「粗チンが巨マンをつつく」

街の声
「3日違いの入社で先輩を強調する」「アボガドじゃないよアボカドだよ」
「ハゲ頭の産毛をむしる」

視聴者
「各体位のタイムを測る」

ことわざ

帯に短し襷(たすき)に長し

【意味】何に使おうとしても中途半端で役に立たないことのたとえ

アップデート

2018年8月2日

セフレには重たし
彼女には何か違うし

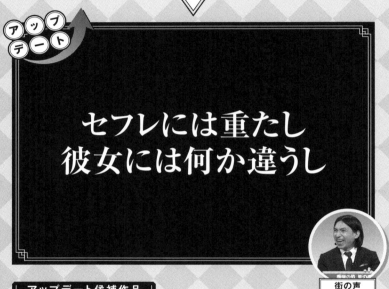
街の声

アップデート候補作品

- **中瀬**「ポチャに重たしデブ専に軽し」
- **岩井**「バイブに短し耳かきに長し」

街の声
「歩くに遠すぎタクシーに近し」「化粧はケバしノーメイクはヤバし」
「オバさんには若しお姉さんと呼ぶには老けし」「手コキは安しソープは高し」

視聴者
「ハメるに短し咥えるに太し」「5時夢は品がないがNスタだとついていけない」

弱り目に祟り目

【意味】不運の上に不運が重なることのたとえ

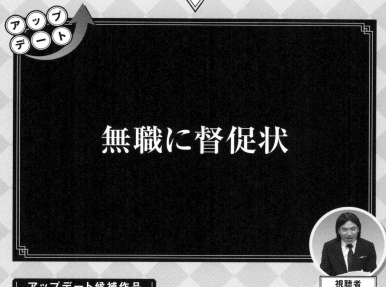

2018年 8月23日

| アップデート候補作品 |

ジョナサン「スベった日に番組降板」
中 瀬「すかしっ屁に具」
岩 井「ヒモ夫にニート息子」

街の声
「彼氏にフラれた日に妹の結婚報告」「低血圧にサマータイム」
「愛人と緊縛プレイ中に嫁帰宅」「キスもダメに手つなぎもダメ」
「下痢気味にボディーブロー」

視聴者
「痛風に台風」「低視聴率にやらせ発覚」「アメフト部ヤバめにチア部もヤバめ」

雨垂れ石を穿つ

【意味】小さな努力でも続けていれば成果が得られること

アップデート

2018年9月13日

甘噛み イクを誘発

街の声

| アップデート候補作品 |

岩井 「垂れ乳 椅子を動かす」

街の声
「追っかけ アイドルを落とす」「ベルマークで家を建てる」
「#MeToo 社会を変える」「ルパンのものまねし続けたクリカン 声優になる」

視聴者
「無職 親からのプレッシャーで胃を穿つ」「黒船苦節十年 冠を持つ」

犬猿の仲

【 意 味 】非常に仲が悪いことのたとえ

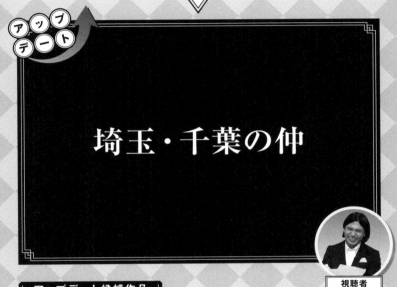

埼玉・千葉の仲

2018年 10月11日

視聴者

アップデート候補作品

- **ジョナサン**「うんこ 香水の仲」
- **中 瀬**「マイケル・ムーアとトランプの仲」
- **岩 井**「検便の中」

街の声
「バブル世代とゆとり世代の仲」「嫌煙 喫煙の仲」「ハゲとロン毛の仲」

ことわざ

二兎を追う者は一兎をも得ず

【意味】欲張って2つに手を出すと、どちらもうまくいかないこと

アップデート

2018年10月11日

DJもする お笑い芸人は 名声を得ず

視聴者

| アップデート候補作品 |

ジョナサン「キー局行こうとする者 黒船長続きせず」
中瀬「2局レギュラーを追う者はMXをも得ず」

街の声
「HRを狙う者はヒットをも得ず」「暖房とこたつをつける者はブレーカー落ちる」
「人気アトラクションにこだわる者は1個ぐらいしか乗れず」
「子どもも老人も狙う番組は視聴率をも得ず」「両乳を楽しもうとするとおろそかになる」

視聴者
「2カ所イジる者は流石にバレる」「日当たりもよくて駅チカと言う者は物件を得ず」
「嫁にも姑にもいい顔をする旦那は家庭の平和を得ず」
「楽で高収入な仕事を求める無職はハローワークにも見放される」

驕る平家は久しからず

【意味】思い上がった振る舞いをする者はいずれ滅びるというたとえ

アップデート

何をしても可愛かった赤ちゃん 今じゃニート

街の声

2018年11月1日

| アップデート候補作品 |

ジョナサン「マジカルバナナで今は誰も遊ばず」
岩井「お飾りのチンベルは久しからず」

街の声
「足が速いだけでモテてた男子は中学でモテず」
「ダッコちゃん人形 今は誰もだっこせず」

視聴者
「シコるテンションは出すと下がる」

ことわざ

嘘つきは泥棒の始まり

【意味】大きな悪事のきっかけはささいなことというたとえ

母からの
おしりペンペンは
僕のSMの始まり

視聴者

アップデート候補作品

ジョナサン「ハプニング好き3人でお茶は3Pの始まり」
岩　井「皮剥きはヤリチンの始まり」

街の声
「ウインドーショッピングは無駄遣いの始まり」「収集はゴミ屋敷の始まり」
「ドンジャラは賭けマージャンの始まり」「軽トラはハロウィンの終わりの始まり」
「『いいよ！いいよ！いい表情だよ！』はヘアヌードの始まり」

視聴者
「8％は10％の始まり」「陰毛は大人の始まり」

2018年11月1日

ローマは一日にして成らず

【意味】大事業を成し遂げるには、長い時間が必要であるということ

アップデート
ア●ルは
1日じゃほぐれず

2018年11月22日

視聴者

| アップデート候補作品 |

ジョナサン「コーラは一口で1本飲めず」
中 瀬「エロ婆は1日2回してオナらず」

街の声
「ローンは1日にして完済ならず」「後輩は1回おごったぐらいじゃ慕わず」
「ローションは一混ぜにしてトロまず」

視聴者
「牢屋は1日じゃ出られず」「ことわざは1通じゃ読まれず」「MXは1日にして成る」

ことわざ

貰う物は夏も小袖

【意味】非常に欲が深いことのたとえ

アップデート

2018年11月22日

貰う物はハゲもカチューシャ

街の声

アップデート候補作品

- 中瀬「貰う物はハゲも脱毛クリーム」
- 岩井「貰う物は性病以外で」

街の声
「貰う物はカバンパンパンでもポケットティッシュ」「貰う物は無職でもネクタイ」

視聴者
「舐めてくれるなら雑でも子犬」

ことわざ

残り物には福がある

【意味】人が取り残したものには思いがけずよいものがあるということ

アップデート

残り風俗嬢には サービス精神がある

2018年12月6日

ジョナサン

アップデート候補作品

- 中瀬 「ジョナサンに映画出演のオファー」
- 岩井 「残尿にはシミがある」

街の声
「残り惣菜には値引きシールがある」「残った合コン女子にはワンチャンある」
「残ったお菓子の缶は小物入れになる」「残った毛にはコシがある」
「中年童貞には女性への優しさがある」

視聴者
「足立区には強さがある」「残ったおでんには味がしみている」
「ジャッキー映画のラストにはNG集がある」「ドラフト4位にはイチローがいた」

コラム3
名人たちのツボを攻略
どんな作品がいい作品?

放送では、レギュラー陣が「どれをアップデートにするか」悩む場面も。そのとき何を一番に考えているのか、めいめいの頭の中を教えてもらいました。視聴者投稿の参考になるかも?

ふかわ

> つい口ずさみたくなる、
> キャッチーなフレーズ。

ジョナサン

> 時事ネタは比較的選びがち。

中瀬

> 余程えげつないものでないかぎり、
> やはり一番スタジオで笑いを取ったやつ。
> 腹を抱えたものを推すようにしている。

岩井

> 自分が作品を考えるときは、
> 一部のマニアにウケるような回答を心がけている。
> 大勢の人気は狙いにいかない。
> 自分が作品を選ぶ際は、反対に、大勢の納得するような
> 「うまい!」ものを推薦するようにしている。

第5章

2019年の
アップデート

「働き方改革」が登場するなど、
時代の変化を感じさせるアップデートが集まる。

前門の虎 後門の狼

【意味】1つの災いを逃れても別の災いにあうことのたとえ

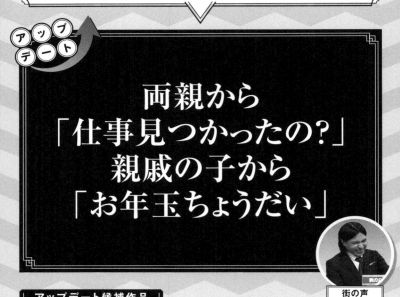

アップデート

2019年1月10日

両親から
「仕事見つかったの?」
親戚の子から
「お年玉ちょうだい」

街の声

アップデート候補作品

- **ジョナサン**「前半のカミカミ 後半のスベリ」
- **中瀬**「前立腺腫れ 肛門切れる」
- **岩井**「前門の毛じらみ 肛門のイボ」

街の声
「前門の文春 後門のFRIDAY」「上司はバブル世代 部下はゆとり世代」
「元カレはヒモ 今カレはDV」「前戯はヘタクソ 本番は早漏」

視聴者
「離婚を求める愛人 慰謝料を求める妻」

ことわざ

船頭多くして船山に登る

【意味】指図する人が多すぎて物事の方向性がまとまらないこと

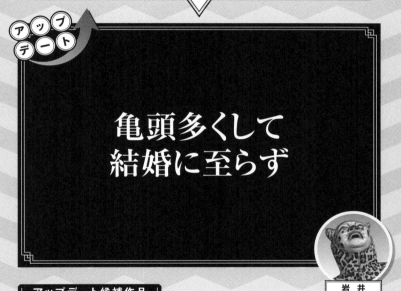

亀頭多くして結婚に至らず

2019年2月14日

岩井

| アップデート候補作品 |

ジョナサン「キャッチ多すぎてけっきょくビデオボックス」
中　瀬「タチ多くしてネコヤバめも掘る」

街の声
「アンダーライン引きすぎて重要な場所わからず」
「健康法試しすぎてどれ効いてるかわからず」「習い事多くして子ども何者にもなれず」
「How to SEX特集読みすぎて童貞パニクる」「宗教多くして世界から争い消えず」

視聴者
「めっちゃ色多い色鉛筆あんま使わず」「ロード多すぎて何章かわからず」
「店員おすすめのビデオ多すぎてもうTSUTAYAに3時間」

113

蜘蛛の巣で石を吊る

【意味】とてもできないことや非常に危険なことのたとえ

安いステッカーで視聴者を釣る

視聴者

| アップデート候補作品 |

ジョナサン「ゴム10枚重ねて小さいち●こを大きく見せる」

街の声
「ビート板で日本海を渡る」「作業着でマスコミをまく」
「ハーフなだけでハリウッドに挑む」「パウダーでハゲを隠す」
「僕のお●ん●んで女の子を満足させる」

2019年3月7日

後ろ足で砂をかける

【意味】人から受けた恩義に報いず、去り際に迷惑を与えること

JKのパンチラを見といて「けしからん!」と説教する

2019年 3月7日

視聴者

アップデート候補作品

ジョナサン「包茎手術受けたのに使わずに死ぬ」
中瀬「ご馳走してもらって乳首出す」
岩井「コンタクトレンズに汁をかける」

街の声
「売れた女優 グラビアの過去を消す」「お世話になっているバイト先で動画を上げる」
「浦島太郎に玉手箱食らわす」「注文してくれた靴の納期を遅らす」
「ヌキ終わったエロ本をシュレッダーにかける」

視聴者
「妻の手料理に醤油をたっぷりかける」「減税を公約して当選したら増税する」
「筆下ろししてくれた女性の顔にかける」

肉を切らせて骨を断つ

【意味】自分自身も傷つく覚悟をし、相手に大きな打撃を与えること

アップデート

2019年4月11日

童貞カミングアウトして風俗嬢に優しくしてもらう

視聴者

アップデート候補作品

ジョナサン「エレベーターの中でオナラを放つ」
中 瀬「貧乳を拝ませてち●ぽ中折る」
岩 井「ハメ撮りさせて拡散する」

街の声

「炎上をさせて知名度を上げる」「慰謝料払って鬼嫁を断つ」
「残った毛を全部剃って薄毛キャラを断つ」「パンツを捨てて漏れた事実を断つ」
「1000円(チェンジ料)を払ってブスを断つ(チェンジ)」

視聴者

「友達失くしてネズミ講をやる」「無職ネタを笑われステッカーを貰う」
「ジョナサンを切ってブラス2曜日」「五輪担当大臣を切って支持率を守る」

鬼の目にも涙

【意味】冷酷な人間でも時には同情や憐れみから涙を流すことのたとえ

MXにも働き方改革

― 2019年 5月2日 ―

視聴者

アップデート候補作品

- **ジョナサン**「ドSのち●こにもガマン汁」
- **中瀬**「ハゲの毛にも枝毛」
- **岩井**「マグロでも手コキ」

街の声
「ブラックな会社にもボーナス」「番長の通話履歴にも『ママ』」
「オレオレ詐欺にもおばあちゃんっ子」「厳格な父のベッドの下にもエロ本」
「ヤリチンな俺の心にも初失恋のあの子」

視聴者
「ぼったくりバーの明細にも割引」「全身入れ墨にも娘の似顔絵」

ことわざ

親しき仲にも礼儀あり

【意味】どんなに親密な関係でも守るべき礼儀はあるということ

アップデート

女王様とM男の仲にも「マジで無理」あり

視聴者

2019年5月23日

| アップデート候補作品 |

ジョナサン 「風俗の待合室でばったり会った知り合いにも知らんぷりあり」
中瀬 「スカトロプレイ後でもトイレは『音姫』」
岩井 「やらぬ仲にもガマン汁あり」

街の声
「親しきパパにも限度額あり」「毒蝮とババアの仲にもいたわりあり」
「セフレとの仲にも『今日誕生日だよね』あり」
「親戚の仲でも僕に仕事の話題を振るのはなし」

ことわざ

年貢の納め時

【 意 味 】過去の悪事を償うとき　物事に見切りをつけるとき

アップデート

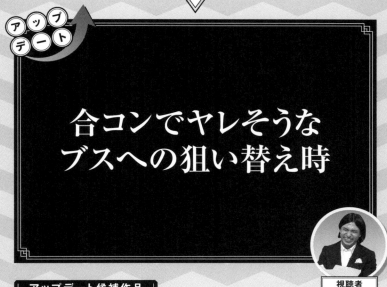

合コンでヤレそうなブスへの狙い替え時

2019年 5月23日

視聴者

アップデート候補作品

ジョナサン　「免許の返納時」
　　　　　　　「エロ動画をネットサーフィンしてるときの『これで納めっか』時」
中 瀬　「ベッドイン前の補正下着の外し時」
岩 井　「デカパンへの替え時」「エロてんぐの納めどころ」

街の声
「ニートの働き時」「『サンタはいないんだよ』の教え時」
「散らかした薄毛の刈り込み時」「プレイボーイのパイプカット時」
「最中に『ダメだ、さっき飲みすぎちゃったからかな』の言い時」

視聴者
「『実はクビになったんだ』の明かし時」「包茎の切り時」

ことわざ

人の振り見て我が振り直せ

【意 味】他人の行動を参考に自分の行動を改めよということ

アップデート

2019年6月20日

人の性病見て
我がゴムつける

街の声

アップデート候補作品

ジョナサン「人の借りたAV見て手に取ったAV元に戻す」
中 瀬「人のフリチン見て我がフリ乳戻せ（しまこ）」
岩 井「人の屁を嗅いで我が食い物見直せ」

街の声
「上司のパワハラ見て部下への当たり見直せ」「人のズラ見て我がズラ直せ」
「歯のないおじさん見て我が歯磨き見直せ」

視聴者
「ふかわの性癖引かれるのを見て我が性癖隠し通せ」
「ゆりやんに笑ったが自分の体も大差ない」
「人のラーメン二郎の注文見て我が注文見直せ」「悲惨な事故見て我が免許返せ」

索引

あ行

青菜に塩	37
赤子の手を捻る	96
あばたもえくぼ	35
危ない橋を渡る	55
雨垂れ石を穿つ	102
雨降って地固まる	90
石橋を叩いて渡る	21
一寸の虫にも五分の魂	98
犬が西向きゃ尾は東	69
井の中の蛙大海を知らず	68
後ろ足で砂をかける	115
嘘つきは泥棒の始まり	106
馬の耳に念仏	19
絵に描いた餅	30
縁の下の力持ち	86
陸に上がった河童	38
驕る平家は久しからず	105
鬼に金棒	17
鬼の目にも涙	117
帯に短し襷に長し	100
溺れる者はワラをも掴む	20
恩を仇で返す	88

121

か行

飼い犬に手を噛まれる ……………………… 24

火事場の馬鹿力 …………………………… 93

金持ち喧嘩せず …………………………… 91

鴨が葱を背負ってくる ……………………… 48

枯れ木も山の賑わい ……………………… 29

木を見て森を見ず ………………………… 82

臭い物に蓋をする ………………………… 53

唇亡びて歯寒し …………………………… 92

蜘蛛の巣で石を吊る ……………………… 114

君子危うきに近寄らず ……………………… 73

犬猿の仲 …………………………………… 103

弘法は筆を選ばず ………………………… 70

弘法も筆の誤り …………………………… 16

さ行

賽は投げられた …………………………… 75

匙を投げる ………………………………… 52

触らぬ神に祟り無し ……………………… 58

親しき仲にも礼儀あり ……………………… 118

清水の舞台から飛び降りる ………………… 46

釈迦に説法 ………………………………… 33

重箱の隅をつつく ………………………… 99

朱に交われば赤くなる ………… 66

雀百まで踊り忘れず ………… 74

捨てる神あれば拾う神あり ………… 77

船頭多くして船山に登る ………… 113

前門の虎 後門の狼 ………… 112

千里の道も一歩から ………… 23

た行

玉にきず ………… 25

月とスッポン ………… 18

鉄は熱いうちに打て ………… 62

灯台下暗し ………… 39

毒を食らわば皿まで ………… 79

毒を以て毒を制す ………… 84

隣の芝生は青い ………… 50

捕らぬ狸の皮算用 ………… 60

虎の威を借る狐 ………… 72

泥棒を見て縄をなう ………… 95

団栗の背比べ ………… 83

な行

無い袖は振れない ………… 57

泣きっ面に蜂 ………… 22

生兵法は大怪我の元 ………… 80

蛞蝓に塩	81
肉を切らせて骨を断つ	116
二兎を追う者は一兎をも得ず	104
糠に釘	49
盗人を見て縄をなう	41
濡れ手で粟	61
猫に小判	40
寝耳に水	28
年貢の納め時	119
能ある鷹は爪を隠す	45
逃した魚は大きい	34
軒を貸して母屋を取られる	63
残り物には福がある	109
喉から手が出る	32
喉元過ぎれば熱さを忘れる	71

は行

掃き溜めに鶴	36
花より団子	26
薔薇に棘あり	27
人の振り見て我が振り直せ	120
人のふんどしで相撲を取る	54
火の無い所に煙は立たない	87
風前の灯	59

武士は食わねど高楊枝 …………………………… 51

豚を盗んで骨を施す ……………………………… 94

骨折り損のくたびれ儲け ……………………… 85

盆と正月が一緒に来たよう …………………… 44

ま行

馬子にも衣装 ……………………………………… 67

まな板の鯉 ………………………………………… 31

真綿で首を絞める ………………………………… 78

水と油 ……………………………………………… 47

味噌も糞も一緒 …………………………………… 56

貰う物は夏も小袖 ……………………………… 108

や行

藪をつついて蛇を出す …………………………… 76

弱り目に祟り目 ………………………………… 101

ら行

ローマは一日にして成らず …………………… 107

わ行

破れ鍋に綴じ蓋 …………………………………… 97

おわりに

「5時に夢中!」と「ことわざアップデート」を普段からご覧いただいているファンの皆さま、そして本書で初めて知っていただいた皆さま、この本をお読みいただき誠にありがとうございました。

「ことわざアップデート」は2015年の春に始まって以来、視聴者の皆さまの応援とご参加により、番組内で4年以上続く人気コーナーとなりました。その間、放送中に「書籍化はまだか」などと冗談交じりに言われたこともありました。この度、ついに実現することとなり、大変嬉しく思っております。

本書は生放送のコーナーをもとに制作されたため、いわゆる「時事ネタ」も含む内容になっています。ページを開くことで「平成の終わりから令和の始まり」を面白おかしく振り返っていただければ幸いです。

昔ながらのことわざから得られる学びと笑いによって、皆さまの今が明るくなることを願っております。

TOKYO MX

TOKYO MX「5時に夢中!」

TOKYO MX(東京メトロポリタンテレビジョン)で平日夕方5時から生放送されている情報番組。女性のストレスを解消する"本音マル出し"ぶっちゃけワイドショーとして、個性豊かなコメンテーターとともに世の中のニュースを伝えている。曜日ごとのコーナーでは報道番組の枠を超えたテーマで巷に話題を提供。コーナー「ことわざアップデート」を放送する木曜日は、お笑いタレントのふかわりょうがMCを務め、コメンテーターとして作家の岩井志麻子、新潮社出版部部長の中瀬ゆかり、タレントのジョナサン・シガーが出演している。

「ことわざアップデート」制作スタッフ
【制 作】
齋藤勇太　山根祐樹　宮崎智史　池上護　今泉翔太
【構成作家】
相川健一　小早川すすむ　佐々木加奈子　細田マサシ

ことわざアップデートBOOK

発行日　2019年10月31日　初版第1刷発行
　　　　2019年11月10日　初版第2刷発行

編集・構成　　株式会社ナイスク　安原直登
企画・編集　　中村孝司（スモールライト）
ブックデザイン　　工藤政太郎
制作協力　　「5時に夢中！」
校正　　芳賀惠子

発行者　　中村孝司
発行所　　スモール出版
　　　　　〒164-0003　東京都中野区東中野3-14-1 グリーンビル4階
　　　　　株式会社スモールライト
　　　　　TEL 03-5338-2360／FAX　03-5338-2361
　　　　　e-mail　books@small-light.com
　　　　　URL http://www.small-light.com/books/
　　　　　振替 00120-3-392156
印刷・製本　　中央精版印刷株式会社

定価はカバーに表示してあります。
乱丁・落丁（本の頁の抜け落ちや順序の間違い）の場合は、小社販売宛にお送りください。
送料は小社負担でお取り替えいたします。
なお、本書の一部あるいは全部を無断で複写複製することは、法律で認められた場合を除き、
著作権の侵害になります。
©2019 Tokyo Metropolitan Television Broadcasting corp.
©2019 Small Light Inc.
Printed in Japan　ISBN978-4-905158-70-7